BEI GRIN MACHT SICH IHR WISSEN BEZAHLT

AF136941

- Wir veröffentlichen Ihre Hausarbeit,
  Bachelor- und Masterarbeit

- Ihr eigenes eBook und Buch -
  weltweit in allen wichtigen Shops

- Verdienen Sie an jedem Verkauf

Jetzt bei www.GRIN.com hochladen und kostenlos publizieren

Bibliografische Information der Deutschen Nationalbibliothek:

Die Deutsche Bibliothek verzeichnet diese Publikation in der Deutschen National-
bibliografie; detaillierte bibliografische Daten sind im Internet über http://dnb.d-
nb.de/ abrufbar.

Dieses Werk sowie alle darin enthaltenen einzelnen Beiträge und Abbildungen
sind urheberrechtlich geschützt. Jede Verwertung, die nicht ausdrücklich vom
Urheberrechtsschutz zugelassen ist, bedarf der vorherigen Zustimmung des Verla-
ges. Das gilt insbesondere für Vervielfältigungen, Bearbeitungen, Übersetzungen,
Mikroverfilmungen, Auswertungen durch Datenbanken und für die Einspeicherung
und Verarbeitung in elektronische Systeme. Alle Rechte, auch die des auszugsweisen
Nachdrucks, der fotomechanischen Wiedergabe (einschließlich Mikrokopie) sowie
der Auswertung durch Datenbanken oder ähnliche Einrichtungen, vorbehalten.

Impressum:

Copyright © 2017 GRIN Verlag
Druck und Bindung: Books on Demand GmbH, Norderstedt Germany
ISBN: 9783346183477

Dieses Buch bei GRIN:

https://www.grin.com/document/539421

Sarah Insacco

Die Möglichkeit der Bestimmung von genrerelevanten Topics auf Basis von LDA Topic Modelling mit Gensim

Eine Untersuchung an dem Science-Fiction-Film "Terminator 2: Judgment Day" (1991)

GRIN Verlag

GRIN - Your knowledge has value

Der GRIN Verlag publiziert seit 1998 wissenschaftliche Arbeiten von Studenten, Hochschullehrern und anderen Akademikern als eBook und gedrucktes Buch. Die Verlagswebsite www.grin.com ist die ideale Plattform zur Veröffentlichung von Hausarbeiten, Abschlussarbeiten, wissenschaftlichen Aufsätzen, Dissertationen und Fachbüchern.

Besuchen Sie uns im Internet:

http://www.grin.com/

http://www.facebook.com/grincom

http://www.twitter.com/grin_com

Justus-Liebig-Universität Gießen
Fachbereich 05
Institut für Germanistik

Die Möglichkeit der Bestimmung von genrerelevanten Topics auf Basis von LDA Topic Modelling mit Gensim.

Eine Untersuchung an dem Science-Fiction-Film *Terminator 2: Judgment Day* (1991).

Veranstaltung: Aktuelle Entwicklungen in den Digital Humanities
Modul: Aktuelle Forschungsthemen im Bereich Computerlinguistik und Texttechnologie.

Name: Sarah Insacco
Studiengang: Sprache, Literatur, Kultur (HF: Computerlinguistik und Texttechnologie, NF: Germanistische Linguistik: Texte – Medien – Sprachkompetenz)
Fachsemester: 02

Abgegeben am: 05.11.2017

Inhaltsverzeichnis

1. Einleitung

Das Science-Fiction-Filmgenre ist etwa seit den 1970er Jahren beständig im öffentlichen Bewusstsein der Mainstream-Popkultur etabliert; es macht sich bemerkbar in Form von popkulturellen Referenzen in unterschiedlichen Medienerzeugnissen, wird aufgrund seines Blockbuster-Potenzials in der Filmindustrie zelebriert und wartet selbst mit einem breiten Spektrum an Produktionen auf, die von vergleichsweise simpel bis komplex und vielschichtig reichen – und dennoch ist es um den aktuellen Forschungsstand um ebendieses Genre in den Film- und Geisteswissenschaften z. T. dürftig bestellt: Während zu einzelnen Science-Fiction-Filmen – oftmals zu den sogenannten Klassikern – eine Vielzahl von wissenschaftlichen Untersuchungen existiert, lässt sich für das Filmgenre als solches eine vergleichsweise große Forschungslücke feststellen (vgl. Spiegel 2013, S. 245.). Wenngleich sich die Situation zuletzt diesbezüglich leicht gebessert hat, so stellt sich nach wie vor die mitunter drängende – und schwierige – Frage danach, wie sich die narrativen und ästhetischen Aspekte des Science-Fiction-Filmgenres insgesamt gestalten (vgl. ebd., S. 246.).

Von diesem dargelegten Sachverhalt ist die vorliegende Projektarbeit inspiriert in ihrer zentralen Fragestellung danach, ob die Möglichkeit besteht, mithilfe eines digitalen Verfahrens der quantitativen Textanalyse – *Topic Modelling* – *Topics* in Filmskripten bzw. -untertiteln zu identifizieren, die mindestens einen aufschlussreichen Hinweis darauf geben können, wie sich Filme aus einem bestimmten Genre insbesondere auf einer narrativen Ebene zusammensetzen. Für diese Projektarbeit ist ein Film ausgesucht worden – *Terminator 2: Judgment Day* –, an dem die o.g. Fragestellung im Hinblick auf das ihm zugeordnete Filmgenre – Science-Fiction – auf einer basalen Ebene getestet werden soll.

Um dies zu absolvieren, wird sich zunächst einmal mit einer Auswahl von theoretischen Grundlagen auseinandergesetzt werden, die sich in erster Linie auf das Wesen von Filmgenres in Allgemeinen und ein eingehendes Genreprofil für das Science-Fiction-Filmgenre belaufen. Daran knüpft sich eine Explikation der methodischen Grundlagen an: Im Fokus stehen hier in erster Linie das Topic Modelling auf Basis des *LDA-Algorithmus* und die Wahl des spezifischen Tools, *Gensim*, welches für das Topic Modelling in *Python* angewendet werden soll. Die eigentliche Anwendung des Tools wird anschließend Schritt für Schritt aufgeschlüsselt. Etwaige Beobachtungen, die bei der Anwendung des Tools und im Hinblick auf die Ergebnisse, die es zutage fördert, gemacht werden, werden im Anschluss daran erläutert und von einem kurzen Ausblick abgerundet.

2. Theoretische Grundlagen

Diesem Kapitel ist das Ziel übergeordnet, die theoretischen Grundlagen für die vorliegende Projektarbeit zu explizieren. Zu diesen theoretischen Grundlagen gehört zunächst einmal eine knappe Auseinandersetzung mit dem Genrebegriff im Allgemeinen; diese soll wiederum den Weg ebnen zu einem ausgestalteten Genreprofil für das Science-Fiction-Filmgenre, welches für die eigentliche LDA-Topic-Modelling-Analyse m. E. ein ausschlaggebendes Fundament darstellt, da der untersuchte Film – *Terminator 2* – primär ebendiesem Filmgenre zugeordnet wird und demnach die Identifikation der einzelnen Topics in demselben mithilfe eines fundierten, theoretischen Hintergrundes entsprechend erleichtern kann.

2.1.   Über das allgemeine Wesen von Filmgenres

Das Konzept und das Studium von Filmgenres lässt sich weitestgehend auf die Grundprinzipien von und den wissenschaftlichen Umgang mit Literaturgattungen zurückführen: „[...] much that is said about film genre is simply borrowed from a long tradition of literary genre criticism." (Altman 1999, S. 13.) Allerdings ist gleichermaßen zu berücksichtigen, dass sich insbesondere seit den späten 1970er Jahren eine eigenständige Disziplin für die wissenschaftliche Auseinandersetzung mit Filmgenres herauskristallisiert hat, die sich entsprechend von dem Studium der Literaturgattungen abgrenzt (vgl. ebd.). Diese eigenständige Disziplin ist gemeinhin unter dem Namen der Filmwissenschaften bekannt, die einen gewichtigen Teil der Medienwissenschaften darstellt und sich entsprechend mit dem Medium des Films, filmischen Formen und eben auch mit Filmgenres auseinandersetzt (vgl. Kuhn 2013, S. 3.).

Bevor man sich jedoch den Filmgenres im Speziellen zuzuwenden vermag, gilt es, den Genrebegriff als solchen erst einmal eingehender zu betrachten: Er dient, unabhängig seiner spezifischen Ausprägung, in jedem Falle einer Theoretisierung und Analyse von Phänomenen, die sich spezifisch in den Medienwissenschaften – und somit ebenso in den Filmwissenschaften – beobachten lassen. Zudem etabliert er eine fundamentale Grundlage hinsichtlich der Verständigung zwischen den Produzenten und Rezipienten von medialen Erzeugnissen. Darüber hinaus wird der Genrebegriff in einer Vielzahl von Alltagssituationen gebraucht, weswegen er durch eine gewisse Vielfältigkeit gekennzeichnet ist. Die Frage danach, wie ein (Film-)Genre zu definieren ist, stellt demgemäß eine zentrale Herausforderung dar, die durch ein breites Spektrum von Vorstellungen und Erwartungshaltungen, die Hand in Hand mit ihm gehen, zusätzlich erschwert wird (vgl. ebd., S. 1.). Hierin gründet sich indes ein erstes Charakterisierungsmoment für den Genrebegriff: Er ist wesentlich multidimensional und referiert nicht auf eine obligatorische ontologische Größe, die intrinsisch existiert; er wird stattdessen erst dann zuwege gebracht, wenn ein komplexer Prozess in Gang gesetzt wird, der – im Falle von Filmen – Produktions- und Rezeptionsvoraussetzungen, Filme als solche und Diskurse über Filme und potenziell relevante, kulturelle Kontexte, in denen sie eingebettet werden, beinhaltet (vgl. ebd., S. 2.).

Auf einer basalen Ebene lässt sich zuvorderst festhalten, dass der Genrebegriff für Filme eine Gruppe von ebendiesen bezeichnet, die sich anhand bestimmter sozialer oder geographischer Merkmale, spezifischer Milieus, Figuren- und Konfliktkonstellationen und/oder besonderer Themen und Stoffe charakterisieren lassen. Von einem etablierten Filmgenre lässt sich i. d. R. dann sprechen, wenn ihm erfolgreiche Prototypen zugrunde liegen, deren formale und strukturelle Merkmale von den dem Genre zugehörigen Filmen aufgegriffen und mitunter modifiziert werden (vgl. ebd.). Demzufolge lassen sich Genres allgemein als weitestgehend von Stereotypen geprägte Formen des Erzählens, Darstellens und Gestaltens auffassen, da sie bestimmte und sich wiederholende Handlungsmotive in sich tragen und darüber hinaus auch auf einer audiovisuellen Ebene einen Stil lancieren, der durch Wiedererkennbarkeit geprägt ist. Zu berücksichtigen sind ebenso die historisch, medial und kulturell geprägten Dimensionen von Genres, die sie insgesamt als ein Konzept auszeichnen, welches in einer Vielzahl von unterschiedlichen Wissenschaften Gegenstand der Diskussion ist (vgl. ebd.).

Abschließend lässt sich noch eine Unterscheidung des Genrebegriffs im Film anführen, die einerseits auf ebendiesen Begriff als einen Verständigungsbegriff referiert, und andererseits den Genrebegriff als ein theoretisches bzw. analytisches Konzept auffasst. Die erstere Perspektive lässt sich insbesondere in der online abrufbaren Filmdatenbank *IMDb*, in diversen Fernsehprogrammzeitschriften, im Rahmen von Filmkritiken etc. vorfinden: Hier ist nicht der Genrebegriff als solcher von Belang; vielmehr liegt das Augenmerk auf den diskursiven Kontexten, in denen er verwendet werden kann (vgl. ebd., S. 3f.). Gelenkt wird diese Perspektive von der Frage, wie der Genrebegriff im Einzelnen verwendet wird, und welche Filme mit ihm in Verbindung gebracht werden können. Die letztere Perspektive ist indessen diejenige, die sich i. d. R. innerhalb filmwissenschaftlicher Genretheorien wiederfinden lässt. Sie wird bestimmt von der Notwendigkeit, einen intersubjektiv gültigen Genrebegriff zu entwickeln, der sich auf Basis von konkreten methodischen und theoretischen Prämissen gründet (vgl. ebd., S. 4.).

Unabhängig davon, welche Definition man letztlich zum Filmgenre allgemein und/oder zu einem spezifischen Filmgenre entwickeln bzw. verwenden mag – es ist stets zu beachten, dass eine ausnahmslos gültige Definition kaum oder sogar nicht existiert bzw. existieren kann. Dies bedeutet im Umkehrschluss jedoch nicht, dass eine Art der Beliebigkeit bei der Auseinandersetzung mit Filmgenres zu präferieren ist, die ggf. in einer rein intuitiven Begriffsdefinition und -verwendung resultiert, die wiederum ihrerseits problematisch sein kann (vgl. ebd., S. 5.). Insofern ist für das nachfolgende Kapitel anzumerken, dass das Genreprofil für Science-Fiction auf einer Auswahl von Literaturgrundlagen erstellt wird, die zumindest im Rahmen dieser Projektarbeit eine zweckdienliche Definition zuwege bringen, auf Basis derer sich der praktisch geprägte Teil der vorliegenden Projektarbeit gründet. Das Genreprofil ist somit – dies sei an dieser Stelle schon einmal erwähnt – keineswegs als allgemeingültig oder einwandfrei einzuordnen; es lässt sich jedoch in dem vorliegenden Kontext der Projektarbeit allemal als eine theoretisch fundierte Basis verwenden.

2.2.   Entwicklung eines Profils für das Science-Fiction-Filmgenre

Science-Fiction als ein Filmgenre[1] fokussiert sich i. d. R. auf die Thematisierung von öffentlichen Situationen und damit in Verbindung stehenden sozialen Krisen: Das heißt, dass sich der grundlegende Plot auf Basis von unerwarteten und weitreichenden Konsequenzen gründet, die auf einer kulturellen Ebene durch technologischen Fortschritt hervorgerufen werden. Eine soziale Krise ergibt sich insofern, als eine Gesellschaft und ihre Institutionen auf ihre Fähigkeit hin getestet werden, oftmals radikalen und technisch bedingten Veränderungen

---

[1] Es sollte hier erwähnt werden, dass es durchaus möglich ist, das Science-Fiction-Filmgenre in weitere Subgenres aufzuteilen, die bspw. die Space Opera, den Invasionsfilm, den Superheldenfilm und die Dystopie beinhalten können (vgl. Spiegel 2013, S. 249.). Der Einfachheit halber wird jedoch im Rahmen dieser Projektarbeit der übergeordnete Begriff des Science-Fiction-Filmgenres verwendet und nicht zwischen den individuellen Subgenres unterschieden.

standzuhalten oder diese gar zu zelebrieren. Dabei kann sich der narrative Handlungsspielraum über unterschiedliche Zeit- und Ortsphasen bzw. -angaben erstrecken, wodurch sich hinsichtlich dieses Aspektes eine für das Filmgenre charakteristische Dynamik und relative Ungebundenheit ergibt (vgl. Sobchack 1988, S. 229.).

Mit dem Science-Fiction-Filmgenre werden oftmals bestimmte Elemente wie die des Raumschiffes, Roboters, Außerirdischen und der damit zusammenhängende Einsatz von Special und/oder Visual Effects assoziiert. Allerdings gilt es im Hinblick auf diese Elemente zu beachten, dass sie nicht zwangsläufig als obligatorisch für dieses Filmgenre anzusehen sind: Sind sie vorhanden, dann ist die Art und Weise der Darstellung und deren narrative Gewichtigkeit oftmals durch Variation geprägt (vgl. ebd., S. 229f.). Aufgrund dessen ergibt sich auf der Ebene der Ikonographie eine gewisse Inkonsistenz (vgl. ebd., S. 229f.; vgl. Langford 2005, S. 185.); es lässt sich somit lediglich das Folgende für die Ikonographie dieses Filmgenres festhalten: „The genre's primary visual project is to produce wondrous and unfamiliar imagery […]" (Sobchack 1988, S. 230.). Eine konkrete, narrative Gestalt und visuelle Form verleiht das Science-Fiction-Filmgenre somit in erster Linie jenen Aspekten, die man als die sich verändernde, historische Vorstellung von sozialem – und technologischem – Fortschritt und damit in Zusammenhang stehenden Krisen bezeichnen kann; hinzu kommt erschwerend die potenzielle Problematik, Mensch zu sein in einer Welt, in der sich stetig weiterentwickelnde Technologien den Sinngehalt persönlicher und sozialer Existenz in einen von Ambiguität geprägten Bedeutungsraum verschieben (vgl. ebd., S. 231.).

Eine maßgebliche Rolle für das Science-Fiction-Filmgenre nimmt weiterhin der historische Kontext ein, in dem es entstanden ist und sich über die letzten Jahrzehnte hinweg entwickelt hat. Es lässt sich als ein postklassisches Hollywood-Genre bezeichnen (vgl. Langford 2005, S. 184.), das insbesondere ab den 1950er Jahren in den USA als ein signifikantes Filmgenre hervortrat (vgl. Sobchack 1988, S. 231; vgl. Langford 2005, S. 187.), wenngleich die eigentliche Genrebezeichnung sich bis zu den 1920er Jahren zurückverfolgen lässt (vgl. Spiegel 2013, S. 250.). Der Aufschwung des Science-Fiction-Filmgenres in den 1950er Jahren ist auf die wesentlichen technologischen Meilensteine zurückzuführen, die das alltägliche Leben von einer Vielzahl von Menschen deutlich und langfristig zu ebendieser Zeit veränderten und daher den Sinngehalt von unterschiedlichen Zeit- und Weltall-Konzepten rekontextualisierten (vgl. Sobchack 1988, S. 231.). Zu nennen sind an dieser Stelle insbesondere zwei Science-Fiction-Filme, die als eine symbolische Antwort auf ebendiese technologischen Meilensteine gewertet werden können: *Destination Moon* (1950) und *The Thing* (1951) (vgl. ebd., S. 231f.). Das Narrativ der Alien-Invasion, welches insgesamt primär in den Science-Fiction-Filmen der 1950er Jahre präsent gewesen ist, lässt sich darüber hinaus bspw. auf den Umstand des Kalten Krieges zurückführen (vgl. Langford 2005, S. 189.) – generell galt für die Science-Fiction-Filme aus diesem Jahrzehnt, dass das Motiv des Weltalls einen hohen Stellenwert einnahm. Einen Wandel durchlief das Science-Fiction-Filmgenre erstmals signifikant in den 1960er Jahren, der insbesondere durch *2001: A Space Odyssey* (1968) vorangetrieben wurde – bei *2001* handelt es sich um einen Science-Fiction-Film mit Kultcharakter, da er es vermochte, das Filmgenre in ein anspruchsvolleres und aufwändigeres zu transformieren (vgl. Spiegel 2013, S. 251.), wenngleich es summa summarum einen deutlichen Einbruch in Popularität erlitt (vgl. Sobchack 1988, S. 235f.).

Der narrative Fokus des Science-Fiction-Filmgenres verschob sich in dem darauffolgenden Jahrzehnt, den 1970er Jahren, abermals: Themen der Staatsüberwachung, Gedankenkontrolle, Manipulation durch die Medien und der Kampf um eine einzigartige Identität wurden in Filmen wie *THX 1138* (1971), *Soylent Green* (1973) und *Logan's Run* (1976) aufgegriffen (vgl. Langford 2005, S. 189; vgl. Spiegel 2013, S. 251). Derartige Themenverschiebungen in dem Filmgenre wurden bspw. durch den Watergate-Skandal konstituiert (vgl. Langford 2005, S. 189.). Insgesamt lässt sich für die Science-Fiction-Filme aus den frühen 1970er Jahren konstatieren, dass sie eine i. d. R. dystopische Zukunft abbilden, welche durch ein entsprechend düsteres Narrativ zum Ausdruck gebracht wird (vgl. Langford 2005, S. 188; vgl. Spiegel 2013, S. 251.). Eine Zäsur in der Geschichte des Science-Fiction-Filmgenres erfolgte indes in den späten 1970er Jahren: Das Erscheinen von *Star Wars* (1977) und *Close Encounters of the Third Kind* (1977) überführte das Filmgenre nicht nur in eine Art Renaissance, sondern verhalf ihm langfristig in den Mainstream (vgl. Sobchack 1988, S. 236; vgl. Spiegel 2013, S. 251f.): Sowohl *Star Wars* als auch *Close Encounters of the Third Kind* unterscheiden sich in ihrem narrativen Fokus und Stil deutlich von den oftmals pessimistisch gestalteten Zukunftsentwürfen, die in vorherigen Science-Fiction-Filmen häufig das Narrativ entscheidend lenkten: „Both films seemed unprecedently hopeful about human existence and cultural transformation, and both joyfully embraced what used to be the threateningly different and repulsive Other." (Sobchack 1988, S. 236.)

Eine weitere zentrale Entwicklungsstufe für das Science-Fiction-Filmgenre – und die letzte, die im Zuge des historischen Kontextes für das Filmgenre an dieser Stelle dargelegt werden soll – lässt sich in den 1980er und frühen 1990er Jahren verorten: Im Rahmen dieser Entwicklungsphase zeugte der technologisierte Körper – z.B. in Form eines Roboters, Cyborgs oder Androiden – als narrativer Fokus von wesentlicher Relevanz, und wurde bspw. in *Terminator* (1984), *Terminator 2: Judgment Day* (1991) und *Blade Runner* (1982) zum Dreh- und Angelpunkt des übergreifenden Handlungsverlaufes. Barry Langford (2005, S. 195.) beschreibt dies als eine „[...] negotiation of the extreme anxieties induced by human-created technologies that increasingly threaten not only to exceed human understanding or control, but somehow to dilute or even supersede human identity itself". Auch die diversen Fortschritte im Hinblick auf maschinelle bzw. künstliche Intelligenz und das Konzept virtueller/computergenerierter Realitäten stellten insbesondere ab Mitte der 1980er Jahre ein zentrales Themengebiet im Science-Fiction-Filmgenre dar (vgl. Langford 2005, S. 195.).

Insgesamt lässt sich – wenn man die unterschiedlichen narrativen Fokussierungen des Science-Fiction-Filmgenres über die letzten Jahrzehnte überblickt – festhalten, dass die Beziehung zwischen Technologie und Mensch, die von Faszination, aber auch Besorgnis geprägt ist, den semantischen Kern dieses vielgestaltigen Filmgenres wesentlich definiert (vgl. ebd., S. 197.). Hinzu kommt als ein weiteres wesentliches Merkmal dasjenige, was Simon Spiegel (2013, S. 247.) als das *Novum* bezeichnet: „Was die Science Fiction auszeichnet [...] ist das *Novum*. Damit ist die charakteristische Neuerung, das *unmögliche Ding* [...] gemeint, das in unserer empirischen Realität (noch) als unmöglich gilt, die Handlungswelt der jeweiligen Science-Fiction-Geschichte aber entscheidend prägt." Das heißt, dass auch die fiktiven Welten, die in unterschiedlichen Science-Fiction-Filmen dargestellt werden, und die sich durch eine von einem Novum geprägte Ontologie auszeichnen, das Filmgenre als solches maßgeblich charakterisieren. Dass ein derartiges Novum – oder gar in manchen Fällen mehrere Nova – grundsätzlich in der empirischen Realität des Menschen potenziell existieren könnte, verleiht dem Science-Fiction-Filmgenre sein spezifisches Wesen: Das Referieren auf ebendiese empirische Realität des Menschen wird ermöglicht, indem bspw. auf einer visuellen Ebene an oftmals zeitgemäße Vorstellungen von Technik und Wissenschaft angeknüpft wird, wodurch das vermeintlich Fremde im Science-Fiction-Film naturalisiert wird (vgl. Spiegel 2013, S. 248 und S. 254.). Gleichermaßen stellt jedoch ebenso der Prozess der Verfremdung einen wesentlichen Bestandteil dar und bildet, neben dem Prozess der Naturalisierung, einen weiteren essentiellen Aspekt des Filmgenres ab: Sehgewohnheiten, die sich über die Zeit hinweg etabliert haben, werden bewusst aufgebrochen, und alltägliche Dinge – oder Dinge, von denen man sich vorstellen könnte, ihnen im Alltag zu begegnen – werden in einem neuen Umfeld eingebettet und somit rekontextualisiert (vgl. ebd., S. 252f.). Die Verfremdung findet somit nicht auf einer visuellen Ebene statt, sondern auf einer Ebene der Diegese: Das heißt summa summarum, dass im Science-Fiction-Filmgenre i. d. R. auf einer visuellen Ebene der Prozess der Naturalisierung angewendet wird, während auf der narrativen Ebene die optisch naturalisierten Gegenstände – ob diese nun bestimmte Maschinen, Raumschiffe, Roboter o.ä. sein mögen – bspw. durch die aufgestellten Regeln innerhalb der fiktionalen Welt verfremdet werden (vgl. ebd., S. 254f.).

Wenngleich die exakte Definition des Science-Fiction-Filmgenres eine umstrittene sein mag – was nicht zuletzt auch daran liegt, dass es generell eine Schwierigkeit darstellt, für Genres im Allgemeinen Definitionen festzulegen, die sich auf abstrakten und a priori aufgestellten Kriterien und Eigenschaften gründen (vgl. ebd., S. 247.) –, so hat sich dennoch im Laufe dieses Abschnitts zumindest auf einer grundlegenden Ebene manifestieren können, was das Science-Fiction-Filmgenre kennzeichnet. Hinsichtlich dessen sollte nicht die Relevanz des historischen Kontextes des Filmgenres unterminiert werden, da dieser nicht nur die narrativen Schwerpunkte – zumindest bis zu einem gewissen Grad – festlegt, wie in dem Kapitel aufgezeigt worden ist, sondern darüber hinaus ebenso bei der Interpretation der Ergebnisse des LDA Topic Modellings ggf. eine mitunter fundamentale Hilfestellung einnehmen kann, und es dementsprechend wichtig ist, mit ebendiesem historischen Kontext wenigstens im Querschnitt vertraut zu sein.

Den hier dargelegten theoretischen Grundlagen für die vorliegende Projektarbeit schließt sich nun eine Erläuterung der methodischen Grundlagen an, die insbesondere das LDA Topic Modelling umfassen. Zudem wird ebenso kurz das verwendete Topic-Modelling-Tool – Gensim – vorgestellt.

3. Methodische Grundlagen: LDA Topic Modelling und Gensim

Topic Modelling kann als eine Methode der quantitativen Textanalyse gewertet werden, die große Mengen von nicht-gekennzeichnetem Text maschinell zu analysieren vermag (Krahmer): „It specifies a statistical sampling technique to describe how words in documents are generated based on (a small set of) hidden topics." (Al-Sumait 2010, S. 183.) Mithilfe von entsprechenden *Topic-Model-Algorithmen* werden demnach innerhalb von Dokumenten *Topics* lokalisiert und zusammengestellt. Die Topics selbst kann man als clusterartige

Zusammenstellungen von unterschiedlichen Wörtern auffassen, die ein Topic entsprechend identifizieren und definieren (vgl. Henny-Krahmer 2017.). LDA – *Latent Dirichlet Allocation* – Topic Modelling basiert indes auf einem generativ geprägten Wahrscheinlichkeitsmodell, welches sich besonders gut für die Anwendung auf Text- und Bildkorpora eignet und aufgrund dessen in der vorliegenden Projektarbeit als Topic-Model-Algorithmus verwendet werden soll. Das Topic Modelling auf Basis von LDA setzt in seiner theoretischen Beschaffenheit voraus, dass jedes Dokument aus einer relativ kleinen Anzahl von Topics zusammengesetzt ist, und sich jedes (Inhalts-)Wort einem dieser Topics zuordnen lässt (vgl. Al-Sumait 2010, S. 186; vgl. Henny-Krahmer 2017).

Selbstverständlich gehen mit dem Prozess des Topic Modellings eine Anzahl von Herausforderungen einher, die an dieser Stelle zumindest einmal erwähnt werden sollen: Es kann mitunter eine hohe Anzahl von möglichen Eigenschaften geben, die ein Dokument repräsentieren. Diese Eigenschaften können darüber hinaus auf sämtliche Wörter und/oder Phrasentypen einer Sprache referieren, wodurch eine adäquate Interpretation der Topic-Modelling-Ergebnisse erschwert werden kann oder gar zu einem Ding der Unmöglichkeit wird (vgl. Al-Sumait 2010, S. 184). Insofern ist es unvermeidbar, ein Wörterbuch anzulegen, welches auf Basis der Dokumente erstellt wird, um das Dokument einerseits angemessen zu repräsentieren und andererseits die ihm zugrundeliegenden Datenstrukturen zu vereinheitlichen (vgl. ebd.). Eine weitere Herausforderung stellen die komplexen Beziehungen zwischen den Konzepten von Wörtern bzw. Topics und deren potenzielle Ambiguität im Kontext des Dokuments dar: Hier stellt sich dann mitunter die Frage danach, welche Topics für das Dokument essentiell sind und es dementsprechend wert sind, aufbewahrt und weiterverwendet zu werden (vgl. ebd.). All diese Herausforderungen gilt es im Rahmen dieser Projektarbeit im Blick zu behalten.

Bevor sich im nächsten Kapitel der Topic-Modelling-Analyse zugewendet wird, soll abschließend noch kurz auf *Gensim* eingegangen werden. Es ist an dieser Stelle zu beachten, dass die eigentliche Anwendung von Gensim in Python erst im nachfolgenden Kapitel anhand des verwendeten Codes explizit wird; es soll hier also erst einmal lediglich Gensim als Topic-Modelling-Tool in seinen Grundzügen vorgestellt werden. Bei Gensim – eine Abkürzung für *generate similar* – handelt es sich, wie bereits erwähnt, um ein Topic-Modelling-Tool, welches sich in Python anwenden lässt. Entwickelt wurde Gensim ursprünglich von Radim Řehůřek im Jahr 2008, wobei es zu dieser Zeit erst einmal als eine Zusammenstellung von diversen Python-Skripts für eine digitale Mathematikbibliothek diente. Über die Jahre hinweg hat sich Gensim stetig weiterentwickelt und expandiert, sodass es gegenwärtig als ein äußerst robustes, effizientes und weitestgehend unkompliziertes Tool gilt, mit dem sich nicht-bewachte Verfahren des Topic Modellings auf Basis von einfachen Textdokumenten durchführen lassen. Es ist zudem kostenfrei und liegt zurzeit in Version 3.0.1 vor. Auf den Installationsprozess von Gensim soll an dieser Stelle nicht im Detail eingegangen werden, allerdings ist zu berücksichtigen, dass Gensim, um ordnungsgemäß in Python arbeiten zu können, von der Software *NumPy* und *SciPy* abhängt, die es i. d. R. vorab zu installieren gilt.[2] Dass die Wahl auf Gensim als Topic-Modelling-Tool gefallen ist, liegt daran, dass bereits eine Anzahl von

---

[2] Die Informationen über Gensim wurden der offiziellen Internetseite entnommen: https://radimrehurek.com/gensim/index.html.

praktischen Erfahrungen mit Python gemacht worden sind und dementsprechend eine Familiarität mit dieser Programmiersprache vorliegt, die die eigentliche Topic-Modelling-Analyse ggf. erleichtert.

4. Vorstellung des Untersuchungsgegenstandes *Terminator 2: Judgment Day* (1991)

Nachfolgend erfolgt die Topic-Modelling-Analyse mithilfe des LDA-Algorithmus in Python und in Anwendung auf den Science-Fiction-Film *Terminator 2*, der im Jahre 1991 erschienen ist. Vorab soll der Inhalt des Films kurz dargelegt werden. Die Handlung von *Terminator 2* knüpft sieben Jahre später an die des ersten Films, *Terminator*, an, und erzählt die Geschichte des jungen John Connor – Sohn von Sarah Connor, einer zentralen Figur aus dem ersten Film, die auch wieder in *Terminator 2* eine maßgebliche Rolle einnimmt –, der als erwachsener Mann in der Zukunft den Widerstand der Menschen gegen lernfähige Maschinen anführt, die in ebendieser Zukunft ein eigenständiges Bewusstsein entwickelt haben und – mithilfe des Supercomputers *Skynet* – einen nuklearen Krieg auslösen (vgl. Rauscher 2003, S. 426f.). Ein Terminator – der T-1000 – wird aus der Zukunft in die Vergangenheit gesandt, um John Connor zu töten und somit den von ihm angeführten Widerstand zu verhindern. Jedoch gelingt es dem erwachsenen John Connor in der Zukunft, ein älteres Terminator-Modell – T-800 – umzuprogrammieren und zum Schutz seines kindlichen Selbst in die Vergangenheit zu entsenden (vgl. ebd., S. 427). Der T-800 ist bereits aus dem ersten Terminator-Film bekannt: In demselben soll er Sarah Connor töten, um die Geburt von John Connor zu verhindern; letztendlich scheitert er jedoch an dieser Mission.

Terminator 2 vereint Aspekte des Science-Fiction- und Action-Filmgenres in sich; das grundlegende Narrativ des Films lässt sich jedoch primär in den historischen Kontext einbetten, der für das Science-Fiction-Filmgenre in den 1980er und 1990er Jahren ausschlaggebend gewesen ist und bereits im Kapitel der theoretischen Grundlagen erläutert wurde – der Fortschritt in dem Bereich der maschinellen bzw. künstlichen Intelligenz und damit verbundene Bedenken, dass KI-gesteuerte Maschinen den Menschen in seinem Verstehen und vor allem in seiner Kontrolle über vielerlei Aspekte seiner selbst und seiner Umgebung übertreffen und ablösen könnten, und somit die Identität des Menschen an und für sich infrage stellen oder letztlich gar ersetzen. Eine gewisse Dynamik erhält der Film durch den Einsatz von Elementen, die an das Action-Filmgenre erinnern, aber der übergreifende Inhalt ist immens von Themen und Stoffen inspiriert, die sich dem Science-Fiction-Filmgenre zu dieser Zeit zuordnen lassen.

Nun stellt sich jedoch die Frage, inwiefern derartige semantische Bestandteile, die auf das Science-Fiction-Filmgenre potenziell referieren können, mithilfe des LDA Topic Modelling aus dem Film als Topics herausgefiltert werden können. Um dies prüfen zu können, ist der Film bzw. die in ihm vorkommenden Monologe und Dialoge vorbereitend in insgesamt zwanzig Sub-Korpora aufgeteilt worden. Gearbeitet wurde dabei mit Untertiteln, die von https://www.opensubtitles.org/en/search/subs heruntergeladen worden sind und ursprünglich als *srt*-Dateien vorlagen, zur problemlosen Verwendung in Python aber in ein einfaches *txt*-Format in *UTF8-Codierung* überführt wurden; weiterhin sind diverse Zeit- und Indexangaben entfernt worden, um ein möglichst schlichtes Korpus zu erhalten. Im nachfolgenden Abschnitt wird der Code beschrieben, der verwendet wurde, um auf Basis des erstellten Korpus LDA Topic Modelling auszuführen.

4.1. Aufschlüsselung des verwendeten Codes für LDA Topic Modelling mit Gensim

An dieser Stelle soll vorab darauf aufmerksam gemacht werden, dass der nachfolgend dargelegte Code maßgeblich auf dem Tutorial[3] von Shivam Bansal basiert und sich für das Untersuchungsanliegen der vorliegenden Projektarbeit adäquat reproduzieren ließ, weswegen er entsprechend verwendet wurde. Es ist nun vorgesehen, den Code Schritt für Schritt hinsichtlich seiner wichtigsten Bestandteile aufzuschlüsseln und aufzuzeigen, welche Operationen er auszuführen vermag. Im Anschluss daran wird eine erste Auswertung bzw. Interpretation der Ergebnisse erfolgen, die der Code zuwege bringt. Gearbeitet wurde im Übrigen mit Version 3.4.2 von Python.

```
# Schritt I: Importieren diverser Module

import nltk
import warnings
warnings.filterwarnings (action='ignore', category=UserWarning, module='gensim')
import gensim
from gensim import corpora, models
import string
from nltk.corpus import stopwords
from nltk.stem.wordnet import WordNetLemmatizer
```

Abb. 1: Als ersten Schritt gilt es, u.a. diejenigen Module, die für das Anlegen des Codes benötigt werden, in Python zu importieren.

Wie in Abbildung 1 zu sehen ist, werden zunächst einmal diverse Module importiert, die den notwendigen Rahmen für das ordnungsgemäße Arbeiten von Python und das Verwenden des Codes bilden: Zu diesen Modulen gehört grundlegend das NLTK-Modul, gefolgt von dem Gensim-Modul, aus dem zusätzlich noch Korpora und Modelle importiert werden, damit bspw. der LDA-Algorithmus erfolgreich angewendet werden kann. Zudem werden Module wie das des *WordNetLemmatizers* und der *Stopwords* importiert, da man das Korpus in einem späteren Schritt bereinigen muss; was dies im Einzelnen bedeutet, wird zu gegebener Zeit dargelegt werden.

---

[3] Das Tutorial ist in seiner Gänze zu finden unter: https://www.analyticsvidhya.com/blog/2016/08/beginners-guide-to-topic-modeling-in-python/.

```
#Schritt II: Importieren des Korpus bzw. der Sub-Korpora

#Zugriff ermöglichen auf Sub-Korpora
path1 = '/users/Sarah/Terminator2_1.txt'
path2 = '/users/Sarah/Terminator2_2.txt'
path3 = '/users/Sarah/Terminator2_3.txt'
path4 = '/users/Sarah/Terminator2_4.txt'
path5 = '/users/Sarah/Terminator2_5.txt'
path6 = '/users/Sarah/Terminator2_6.txt'
path7 = '/users/Sarah/Terminator2_7.txt'
path8 = '/users/Sarah/Terminator2_8.txt'
path9 = '/users/Sarah/Terminator2_9.txt'
path10 = '/users/Sarah/Terminator2_10.txt'
path11 = '/users/Sarah/Terminator2_11.txt'
path12 = '/users/Sarah/Terminator2_12.txt'
path13 = '/users/Sarah/Terminator2_13.txt'
path14 = '/users/Sarah/Terminator2_14.txt'
path15 = '/users/Sarah/Terminator2_15.txt'
path16 = '/users/Sarah/Terminator2_16.txt'
path17 = '/users/Sarah/Terminator2_17.txt'
path18 = '/users/Sarah/Terminator2_18.txt'
path19 = '/users/Sarah/Terminator2_19.txt'
path20 = '/users/Sarah/Terminator2_20.txt'
```

Abb. 2: Der Zugriff auf die insgesamt 20 Sub-Korpora von Terminator 2 muss im zweiten Schritt vollzogen werden.

Nachdem die oben aufgeführten Module importiert worden sind, gilt es, Python den Zugriff auf das Korpus zu ermöglichen; da das Korpus für *Terminator 2* in insgesamt 20 Sub-Korpora aufgeteilt worden ist, muss entsprechend der Zugriff auf jeden individuellen Sub-Korpus ermöglicht werden. Dies wird bewerkstelligt, indem pro Sub-Korpus eine Variable angelegt wird, die den Dateipfad zu der jeweiligen Textdatei spezifiziert. Die Aufteilung des einzelnen Film-Korpus auf insgesamt 20 Sub-Korpora ist im Übrigen erfolgt, weil eine Unterteilung des Korpus, wie groß oder klein es auch beschaffen sein mag, Ergebnisse zu produzieren vermag, die i. d. R. durch die Kleinschrittigkeit in der Aufteilung an Präzision gewinnen.

```
#Öffnen und Lesen der Sub-Korpora
open_and_read_file1 = open(path1).read()
open_and_read_file2 = open(path2).read()
open_and_read_file3 = open(path3).read()
open_and_read_file4 = open(path4).read()
open_and_read_file5 = open(path5).read()
open_and_read_file6 = open(path6).read()
open_and_read_file7 = open(path7).read()
open_and_read_file8 = open(path8).read()
open_and_read_file9 = open(path9).read()
open_and_read_file10 = open(path10).read()
open_and_read_file11 = open(path11).read()
open_and_read_file12 = open(path12).read()
open_and_read_file13 = open(path13).read()
open_and_read_file14 = open(path14).read()
open_and_read_file15 = open(path15).read()
open_and_read_file16 = open(path16).read()
open_and_read_file17 = open(path17).read()
open_and_read_file18 = open(path18).read()
open_and_read_file19 = open(path19).read()
open_and_read_file20 = open(path20).read()

#Zusammenfassen der Subkorpora in eine übersichtliche Liste
t2_all = [open_and_read_file1, open_and_read_file2, open_and_read_file3, open_an
```

Abb. 3.: Zugehörig zum zweiten Schritt werden die nun verfügbaren Sub-Korpora geöffnet und gelesen, sodass der Zugriff auf jeden einzelnen Sub-Korpus komplettiert wird. Um die nachfolgende Arbeit mit dem LDA Topic Modelling zu erleichtern, werden die Sub-Korpora in eine übersichtliche Liste zusammengefasst, die jeden einzelnen Sub-Korpus enthält.

Allerdings reicht es noch nicht vollkommen aus, lediglich den Dateipfad, wie in Abbildung 2 veranschaulicht, anzugeben: Im Anschluss daran muss weiterhin jede Textdatei, die das Korpus in seiner Gesamtheit bildet, in Python geöffnet und gelesen werden. Auch hier wird abermals für jeden Sub-Korpus eine Variable angelegt, die sowohl die *open()*-Funktion als auch die *read()*-Funktion enthält, angewendet auf jeden individuellen Sub-Korpus. Diese Variablen werden dann in eine Liste – *t2_all* – eingepflegt, um nicht nur Übersichtlichkeit zu wahren, sondern auch die Anwendung des LDA Topic Modellings auf das Korpus zu erleichtern insofern, als man auf diese kompakte Liste und nicht auf jede einzelne Textdatei referieren kann.

```
#Schritt III: Bereinigen des Korpus mithilfe des Prozesses der Lemmatisierung,
#dem Entfernen von Stopwörtern und Interpunktionselementen

#Vorbereitung für die Definition der Bereinigungsfunktion
stop = set(stopwords.words('english'))
exclude = set(string.punctuation)
lemma = WordNetLemmatizer()

#Definition der Bereinigungsfunktion
def clean(doc):
    stop_free = " ".join([i for i in doc.lower().split() if i not in stop])
    punc_free = ''.join(ch for ch in stop_free if ch not in exclude)
    normalized = " ".join(lemma.lemmatize(word) for word in punc_free.split())
    return normalized

#Anwenden der Funktion auf die Liste der Subkorpora
doc_clean = [clean(doc).split() for doc in t2_all]
```

Abb. 4: Im dritten Schritt wird das Korpus bereinigt; d.h., dass bspw. Funktionswörter und Interpunktionselemente entfernt werden.

Nun muss im nächsten Schritt, wie bereits eingangs angedeutet worden ist, das Korpus bereinigt werden: Es soll dafür eine kompakte Funktion angewendet werden, die es vorab zu definieren gilt. Vorbereitend dafür werden die Sprache und der Umfang der Funktionswörter, die es zu tilgen gilt, und ebenso die zu entfernenden Interpunktionselemente in Variablen festgelegt. Weiterhin soll der Prozess der Lemmatisierung durchgeführt werden, um somit thematisch sich gleichende Wörter auf ihren Wortstamm zu reduzieren, weswegen ebenso vorab eine weitere Variable angelegt wird, die den ausgewählten Lemmatizer spezifiziert. Der Vorgang der Bereinigung stellt einen wesentlichen Schritt für das Verfahren des LDA Topic Modelling dar, da es den Ergebnissen desselben zu Ausdruckskraft und Klarheit verhilft, die sich wiederum positiv auf die Interpretation und Auswertung der Ergebnisse auswirken können.

Die Funktion selbst wird hier nach Vorbild des Tutorials von Shivam Bansal definiert; mithilfe der *def()*-Funktion ermöglicht Python das eigenständige Anlegen von Funktionen, die es selbst nicht beinhaltet. Der Funktion wird ein Name gegeben – *clean* – und das für sie benötigte Argument – *doc* – wird ihr in Klammern zugewiesen. Die Funktion selbst setzt sich aus insgesamt drei Variablen zusammen, die jeweils auf die zuvor angelegten Inhaltswörter etc. referieren. Zudem wird in jeder einzelnen Variable mit einer *for*-Schleife gearbeitet, um sicherzustellen, dass jedes einzelne Element in jeder einzelnen Textdatei auf die zu bereinigenden Bestandteile durchgesehen bzw. die Lemmatisierung durchgeführt wird. Als Wert soll schließlich das Ergebnis der Variable *normalized* ausgegeben werden, in der zudem die Lemmatisierung der jeweiligen Elemente in der Textdatei erfolgt, die bereits von

Funktionswörtern und Interpunktionselementen befreit ist. Schließlich wird die Funktion auf die Liste der Sub-Korpora angewendet. Dabei wird mithilfe der *split()*-Funktion die Textmenge in kompaktere und kleinere Strings aufgeteilt.

```
#Schritt IV: Anlegen der Dokumentenmatrix
t2_dictionary = corpora.Dictionary(doc_clean)

t2_term_matrix = [t2_dictionary.doc2bow(doc) for doc in doc_clean]

#Schritt V: Ausführen des LDA Topic Modeling
lda_model = gensim.models.ldamodel.LdaModel

lda_training = lda_model(t2_term_matrix, num_topics=35, id2word=t2_dictionary, passes=50)

print(lda_training.print_topics(num_topics=35, num_words=3))
```

Abb. 5: Schritt IV und V beinhalten diejenigen Vorgänge, die das eigentliche LDA Topic Modelling umschließen.

Der vierte und fünfte Schritt umfasst die für das LDA Topic Modelling wesentlichen Vorgänge, die sich als das Anlegen einer Dokumentenmatrix und der eigentlichen Ausführung des ausgewählten Algorithmus beschreiben lassen. Eine Dokumentenmatrix wird auf Basis eines Wörterbuches angelegt – zu sehen in der Variable *t2_dictionary* –, welches sich wesentlich auf das bereinigte Korpus – *doc_clean* – aus dem vorherigen Schritt stützt und jedem individuellen Wort eine Indexangabe zuweist. Die Dokumentenmatrix, die in *t2_term_matrix* festgelegt ist, wird dann, nachdem der zu verwendende Topic-Modelling-Algorithmus in *lda_model* bestimmt wurde, entsprechend verarbeitet: Dazu wird ausgewählt, wie viele Topics insgesamt herausgefiltert werden sollen; weiterhin wird das erstellte Wörterbuch auf Basis des Korpus als ein weiterer Parameter angegeben, und optional schließlich festgelegt, wie oft das LDA Topic Model den Text durchlaufen soll. Mithilfe der *print()*-Funktion wird das Ergebnis ausgegeben: Die anzuzeigenden Topics und die Anzahl der Wörter, die dieses Topic kennzeichnen, werden eigenständig spezifiziert. Je nachdem, wie man die Parameter ausgestaltet, variiert entsprechend der Output, auf dem sich Auswertungen und dergleichen gründen.

Im nachfolgenden Abschnitt wird abschließend eine Anzahl von Beobachtungen expliziert, die während des Ausführens von dem LDA Topic Modelling für *Terminator 2* gemacht worden sind. Eine endgültige Auswertung der Topic-Modelling-Ergebnisse kann im Rahmen dieser Projektarbeit nicht ohne weiteres erfolgen, allerdings können die nachfolgend dargestellten Beobachtungen einen ersten Aufschluss darüber geben, inwiefern die Möglichkeit besteht, mithilfe von LDA Topic Modelling einen Film aus einem spezifischen Genre aufgrund seiner Topics näher zu bestimmen.

4.2.   Gesammelte Beobachtungen

Es wurde bereits gegen Ende von Kapitel 2.2. darauf hingewiesen, dass für die Auswertung und Interpretation der Ergebnisse vom LDA Topic Modelling für *Terminator 2* – und für weitere Science-Fiction-Filme, die man ggf. auf diese Art und Weise untersucht – das entwickelte Genreprofil eine wichtige Hilfestellung einnehmen kann. Wenn man nun eine Auswahl der Topics näher betrachtet, die aus dem Anwenden des LDA-Algorithmus resultieren können – die Zusammenstellung und Angabe der Topics variiert selbstverständlich je nach Festlegung der einzelnen Parameter –, dann scheint sich diese Vermutung zumindest im Rahmen der vorliegenden Projektarbeit zu bestätigen: Topics, die auf Inhaltswörter wie *CPU*, *Human*, *Skynet* oder *Terminator* referieren, lassen nicht zwangsläufig eine unmittelbare Assoziation zu dem Science-Fiction-Filmgenre zu; erst wenn man sich vor Augen hält, dass ein Film wie *Terminator 2* bestimmte Themen aufgreift, die u.a. in den Kontext der Genregeschichte des Science-Fiction-Genres eingebettet sind, vermag man, entsprechende Assoziationen herzustellen, die sich semantisch mit ebendiesem Filmgenre verknüpfen lassen. Darüber hinaus scheint eine Grundkenntnis über den Inhalt des untersuchten Films – oder der untersuchten Filme – unabdingbar zu sein, da spezifische Figurennamen und generell für das Filmuniversum spezifische Wörter wie *Terminator* oder *Skynet* ohne einen eindeutigen narrativen Kontext nicht adäquat ausgewertet und interpretiert werden können. Insgesamt lässt sich an dieser Stelle festhalten, dass somit das exklusive Arbeiten mit dem Topic Modelling für den hier angestrebten Zweck nicht ausreichen kann, um diejenigen Fragestellungen zu beantworten, die mit ebendiesem Zweck verbunden sind. Weiterhin scheint es ratsam zu sein, vorab in jedem Falle für ein derartiges Anliegen, wie es im Rahmen dieser Projektarbeit vorgestellt worden ist, ein eindeutiges Genreprofil festzulegen, welches, sofern adäquat fundiert, einen verlässlichen Referenzrahmen bieten kann, insbesondere dann, wenn die Topics auf den ersten Blick nicht unmissverständlich zu sein scheinen. Die besondere Schwierigkeit, die sich im Hinblick auf das komplexe Science-Fiction-Genre ergibt, und die sich bspw. als die relative Abwesenheit einer stets gleichbleibenden Ikonographie und die Auseinandersetzung mit variierenden und vielschichtigen Themen zusammenfassen lässt, muss hier allerdings ggf. als eine Besonderheit ausgewiesen werden, die sich hinsichtlich anderer Filmgenres so nicht unbedingt ergeben muss. Entsprechend kann eine ähnliche Arbeit, die sich einem anderen Filmgenre widmet, ohne ein detailliertes und den historischen Kontext berücksichtigendes Genreprofil auskommen.

Im Hinblick auf Gensim lässt sich konstatieren, dass es aufgrund der Möglichkeit, mit unterschiedlichen Algorithmen und Parametern zu experimentieren, ggf. die Aussagekraft und Gültigkeit der Auswertungen und dergleichen ggf. steigern oder zumindest auf eine aufschlussreiche Art und Weise variieren kann; hat man erst einmal die notwendigen Schritte überblickt, die für ein funktional einwandfreies Topic Modelling unentbehrlich sind, dann lässt sich mit dem Tool allemal problemlos arbeiten. Zudem hat sich die Anwendung des Tools auf Film-Untertitel als produktiv erwiesen.

Ein kurzer Ausblick, der sich diesem Kapitel anschließt, bildet den Abschluss der vorliegenden Projektarbeit.

5. Ausblick

Im Rahmen dieser Projektarbeit hat sich ein *Proof of Concept* hinsichtlich der Möglichkeit darlegen lassen, genrerelevante Topics mithilfe von LDA Topic Modelling für einen ausgewählten Film – *Terminator 2* – ausmachen zu können; allerdings geht dieses Anliegen mit bestimmten Voraussetzungen einher, die in dem vorherigen Abschnitt bereits illustriert worden sind. Dabei konnte in der vorliegenden Projektarbeit jedoch erst einmal nicht ermittelt werden, inwiefern diese Voraussetzungen – vor allem die Entwicklung eines detaillierten Genreprofils ist an dieser Stelle zu nennen – für das Science-Fiction-Filmgenre spezifisch sind, ob sie ggf. genreübergreifend oder lediglich für ähnlich komplexe Genres gelten, die sich z.b. nicht auf eine konsistente Ikonographie herunterbrechen lassen. In einer zukünftigen Projektarbeit, die sich mit einem ähnlichen Forschungsinteresse befasst, könnte man somit das Korpus fundamental expandieren, um vergleichbare Ergebnisse zu erhalten, die diesen ausstehenden Fragen zu einer Antwort verhelfen könnten. Weiterhin könnte man zusätzlich Filme aus unterschiedlichen Genres untersuchen und aufgrund dessen einen noch größeren Vergleichsrahmen kreieren, der durch das Experimentieren mit unterschiedlichen Topic-Modelling-Algorithmen und damit zusammenhängenden Parametern potenziell verstärkt wird. Eine Sackgasse hinsichtlich weiterer und expansiver Forschungsanliegen kann in jedem Falle nicht angetroffen werden, weswegen eine zukünftige Beschäftigung mit ähnlichen Themen und Fragestellungen sowohl spannend als auch ergiebig sein dürfte.

6. Abbildungsverzeichnis

Abb. 1: Schritt I für die Anwendung von LDA Topic Modelling in Python mit Gensim. [Eigener Screenshot vom 05.11.2017]

Abb. 2: Schritt II für die Anwendung von LDA Topic Modelling in Python mit Gensim. [Eigener Screenshot vom 05.11.2017]

Abb. 3: (Fortgesetzt) Schritt II für die Anwendung von LDA Topic Modelling in Python mit Gensim. [Eigener Screenshot vom 05.11.2017]

Abb. 4: Schritt III für die Anwendung von LDA Topic Modelling in Python mit Gensim. [Eigener Screenshot vom 05.11.2017]

Abb. 5: Schritt IV und Schritt V für die Anwendung von LDA Topic Modelling in Python mit Gensim. [Eigener Screenshot vom 05.11.2017]

7. Filmverzeichnis

Terminator 2: Judgment Day. Regie: James Cameron. Drehbuch: James Cameron und William Wisher. Erscheinungsdatum (USA): 03.07.1991.

8. Literaturverzeichnis

Al-Sumait, Loulwah/Barbará, Daniel/Domeniconi, Carlotta und Wang, Pu (2010): *Embedding Semantics in LDA Topic Models.* In: Berry, Michael W. und Kogan, Jacob (Hrsg.): *Text Mining. Applications and Theory.* Chichester: Wiley. S. 183–204.

Altman, Rick (1999): *Film/Genre.* London: BFI Publishing.

Henny-Krahmer, Ulrike (2017): *Literatur aus der Vogelperspektive. Topic Modeling als Methode für Themenanalyse in großen Textsammlungen.* Frankfurt am Main: Universitätsbibliothek Johann Christian Senckenberg.

Kuhn, Markus/Scheidgen, Irina und Weber, Nicola Valeska (2013): *Was ist ein Genre?* In: Kuhn, Markus/Scheidgen, Irina und Weber, Nicola Valeska: *Filmwissenschaftliche Genreanalyse. Eine Einführung.* Berlin [u.a.]: De Gruyter. S. 1–7.

Langford, Barry (2005): *Film Genre. Hollywood and Beyond.* Edinburgh: University Press.

Rauscher, Andreas (2003): *Terminator; Terminator 2 – Tag der Abrechnung.* In: Koebner, Thomas (Hrsg.): *Science Fiction.* Stuttgart: Reclam. S. 425–432.

Sobchack, Vivian (1988): *Science Fiction.* In: Gehring, Wes D. (Hrsg.): *Handbook of American Film Genres.* New York [u.a.]: Greenwood Press. S. 229–247.

Spiegel, Simon (2013): *Science Fiction.* In: Kuhn, Markus/Scheidgen, Irina und Weber, Nicola Valeska: *Filmwissenschaftliche Genreanalyse. Eine Einführung.* Berlin [u.a.]: De Gruyter. S. 245–265.

Internetquellen

Bansal, Shivam (2016): *Beginners Guide to Topic Modeling in Python.* https://www.analyticsvidhya.com/blog/2016/08/beginners-guide-to-topic-modeling-in-python/ [Letzter Zugriff: 05.11.2017]

Gensim. Topic Modelling for Humans. https://radimrehurek.com/gensim/index.html [Letzter Zugriff: 05.11.2017]